LA

CHRONIQUE SCANDALEUSE

DE PARIS

OU

HISTOIRE DES MAUVAIS LIEUX

PAR HENRI SAUVAL

BRUXELLES

J.-J. GAY, LIBRAIRE-ÉDITEUR

—

1883

LA

CHRONIQUE SCANDALEUSE

DE PARIS

LA
CHRONIQUE SCANDALEUSE
DE PARIS
OU
HISTOIRE DES MAUVAIS LIEUX

par Henri Sauval

BRUXELLES

J.-J. GAY, LIBRAIRE-ÉDITEUR

—

1883

AVANT-PROPOS

UN auteur qui n'écrivait pas ordinairement des obscénités, mais qui se donnait pour un grave et docte archéologue, n'en avait pas moins acquis, du temps de Boileau, une burlesque réputation de galimatias et de pathos, quoiqu'il n'eût rien publié; c'était Henri Sauval, dont nous avons le grand ouvrage, mis en ordre et publié longtemps après sa mort, sous ce titre : Histoire et Recherches des antiquités de la ville de Paris (Paris, Ch. Moette, etc., 1733, 3 vol. in-fol.).

Henri Sauval, avocat au parlement, en écrivant l'histoire archéologique et morale de Paris, n'avait pas oublié le curieux chapitre de la Prostitution ; il avait rassemblé les documents les plus singuliers et les plus authentiques sur la matière, et il s'était plu à les comparer, à les discuter et à les commenter, dans un style chargé de métaphores et d'épithètes redondantes. A peine eut-il terminé cette partie de son ouvrage, qu'il l'appela sans façon le Traité des Bordels, *que tous ses amis, tous les hommes qui se mêlaient de belles-lettres à Paris, furent conviés à donner leur avis sur cette œuvre de haut goût : Sauval en fit des lectures dans les académies littéraires, chez Renaudot, chez Ménage, chez Costar ; il lisait son traité, avec une solennelle outrecuidance qui mettait encore plus en relief les* expressions ampoulées *et les* images extravagantes. *Boileau qui avait assisté à une de ces lectures, se souvenait toujours d'un passage, qu'il citait comme un modèle du genre :* « Ces sales impudiques, ces infâmes débauchées, allèrent chercher un asile dans la rue Brisemiche ; et de là elles contemplèrent en sûreté les tempêtes et les orages qui s'élevoient continuellement dans la rue Chapon. » (Voy. *une note de l'édit. des* OEuvres de Boileau, *Amsterd., Brunel, 1724, t. I*er*, p. 80.) Boileau fut telle-*

ment frappé de la fatuité et de l'impudence de l'auteur, qu'il ne manqua pas de le nommer, avec une légère variante de nom, dans la satire VII :

Faut-il d'un sot parfait montrer l'original,
Ma plume au bout du vers d'abord trouve Sofal.

Sauval (dont le nom s'écrivait alors Sauvalle) ne se contentait pas de lire à tout venant, d'un air de matamore et d'une voix de capitan, son histoire des antiquités de la Prostitution parisienne ; il confiait volontiers son manuscrit aux littérateurs, qu'il n'avait pu avoir à ses lectures. C'est ainsi que le docte hébraïsant Richard Simon, quoique voué aux études et aux controverses théologiques, eut communication, non seulement du Traité des Bordels, mais encore de tous les travaux de Sauval sur l'histoire et les antiquités de Paris. « Un de vos amis, écrivait Richard Simon à M. B. en 1698 (Voy. Lettres choisies de M. Simon, nouv. édit Amsterd., P. Mortier, 1730, t. III, p. 358), me vint voir hier de votre part. Vous lui aviez dit sans doute que j'avois lu le manuscrit de M. Sauval sur les Antiquitez de Paris, qui m'avoit été mis entre les mains par l'auteur, pour lui en marquer mon sentiment. Je ne savois ce qu'étoit *devenu cet ouvrage, où l'on trouve un grand nombre de pièces très curieuses et dont une bonne partie n'a point encore vu le jour. Je le croyois perdu entièrement, et je m'étois imaginé qu'on avoit jugé à propos de le supprimer pour certaines raisons dont je vous entretiendrai quand j'aurai l'honneur de vous voir. Mais votre ami m'a appris qu'il étoit entre les mains d'un fort habile homme (Rousseau, auditeur des Comptes), à la réserve d'une pièce que je n'ose nommer. C'est un Traité des Bordels, qui étoient autrefois dans Paris. Je trouvai ce traité si infâme et si honteux à la nation, que je conseillai à l'auteur d'en faire un sacrifice à Vulcain. Il y a de l'apparence qu'il m'aura cru, puisque cette pièce ne s'est trouvée, après sa mort, avec les autres que renferme cette histoire.* »

Henri Sauval aurait néanmoins publié ce traité, qu'il ne jugeait ni infâme ni honteux à la nation, s'il eût trouvé de la part du gouvernement plus d'aide et de sympathie pour le grand ouvrage qu'il avait entrepris. Dès l'année 1654, il obtint un privilège pour l'impression de cet ouvrage. et il fut compris dans le nombre des écrivains que Chapelain désigna aux bienfaits du roi. Costar, dans son Mémoire des gens de lettres célèbres en France (Voy. la

Continuation des Mém. de littérature, *par le P. Desmolets, t. II, p. 348*). *avait recommandé en ces termes l'historien de Paris et des mauvais lieux :* « *C'est un écrivain de grand travail et qui ne réussit pas mal dans celui qu'il a entrepris des* Antiquités de Paris, *dans lesquelles il étale mille curiosités, qui sans sa constante activité seroient demeurées enterrées. Il n'a pas le style formé ; parfois il l'enfle, pour l'orner, en des lieux où la simplicité du style est surtout requise. Ainsi, il y a encore quelque distance de lui à un écrivain parfait, quelque chose qu'il en croie.* » *La vanité exorbitante de Sauval fut blessée au vif de ce qu'il n'obtint qu'une pension de troisième classe : il annonça hautement qu'il ne publierait pas son livre, avant d'en avoir eu la récompense ; il demandait, pour cela, une pension de mille écus et une place d'archiviste à l'Hôtel de ville. Colbert, qu'il avait offensé en se targuant de lui rendre un service de généalogie, refusa la place et la pension.* « *Comme Sauval étoit d'un naturel chagrin, dit Richard Simon, il ne put supporter ce refus.* » *Il mourut en 1669 ou 1670, en laissant neuf volumes in-folio, qui ne parurent, qu'abrégés, mutilés et rhabillés, soixante-quatre ans plus tard : le* Traité de la Prostitution *avait été complètement supprimé.* « *Un homme moins chagrin et moins intéressé que M. Sauval, écrivait Richard Simon en 1698, auroit donné au public cet ouvrage qui faisoit honneur à l'auteur. Il en auroit néanmoins fallu retrancher tout le Traité des Bordels, qui méritoit d'être enfoui sous le sable, afin qu'on n'en entendît jamais parler.* »

Ce traité n'avait pourtant pas été sacrifié à Vulcain : du moins, si l'original n'existait plus, on en conservait des copies dans le cabinet de quelques amateurs. Ces copies furent successivement détruites, et l'on n'en connaît plus qu'une seule qui est enfermée sous cent clefs dans la bibliothèque d'un savant académicien. La perte de ce morceau précieux serait très regrettable pour l'histoire des mœurs et des usages parisiens, car on peut juger, d'après divers passages des Antiquités de Paris, que Sauval avait eu sous les yeux les statuts et les archives de la corporation des filles publiques de la capitale. (Pierre Dufour.)

L'Histoire des B...... de la Cour et de Paris comprend deux parties :

Celle concernant la cour et commençant ainsi :
« *Des rois de la première race je n'en trouve presque point qui n'aient entretenu des femmes publiquement dans leur cour à Paris...* », *a été imprimée sous le titre des Galanteries des rois*

de France. *La partie concernant la prostitution à Paris, et que nous publions aujourd'hui, est seule restée inédite jusqu'à ce jour*

Il existe une copie manuscrite du temps, des deux parties, suivie de l'Arrêt touchant les femmes de mauvaise vie de la rue du Baillot, 24 janvier 1587, reliés en un volume in-12, actuellement en la possession d'un amateur distingué de Paris, M. B... La Bibliothèque Nationale de Paris, mss. fonds français n° 15635, et la Bibliothèque de Rouen, fonds Leber, possèdent chacune une copie avec quelques légères variantes de la partie concernant la Prostitution à Paris. Notre édition a été collationnée sur ces deux copies.

Les deux planches que nous avons reproduites sont de Mallet, peintre du siècle dernier, gravées d'après Copia. Ces deux gravures, aujourd'hui, fort rares, ont eu des épreuves coloriées.

LA
CHRONIQUE SCANDALEUSE
DE PARIS

Si je ne fais pas venir de si loin la chronique scandaleuse de la ville de Paris, que j'ay fait celle de la Cour, c'est que l'histoire ne se charge guères que des événemens des rois et des grands, et qu'elle descend rarement jusqu'aux aventures des particuliers.

Sous Philippe premier, Yves de Chartres excita Gautier, évêque de Meaux, maintenant suffragant de Paris, de transporter ailleurs les religieuses de Farmoutier, qui menoient une vie scandaleuse. Les religieuses de Saint-Eloy, où sont à présent les Barnabites, près le Palais, ne vécurent pas mieux ; leurs crimes devinrent si publics et si scandaleux qu'en 1107, Gabon, évêque de Paris, les chassa de leur monastère, et donna leur couvent aux religieux de Saint-Maur. Sous Louis le Gros, les religieuses d'Argenteuil menèrent la même vie ; les unes furent transférées à Malnoë, les autres au Paraclet, où elles suivirent Héloïse, cette dame illustre qui fut les tourmens de l'âme et les délices du grand Abailard. Sous saint Louis, on fit sortir de Laon, ville comprise dans le gouvernement de l'Isle de France, les religieuses de Saint-Jean, à cause de leurs débauches. Je ne sçay ce que devinrent celles de Saint-Eloy ; car si Du Breüil dit, que l'évêque de Paris les répandit dans les abbayes de Montmartre, de St-Antoine-des-Champs et de Chelles, je le tiens suspect, d'autant que Montmartre et Saint-Antoine-des-Champs ne furent fondées que long-temps après.

Vers ces siècles-là et depuis, les Parisiens jetèrent les fondemens de quelques autres monastères où les femmes publiques vinrent faire pénitence. Le premier fut *Saint-Antoine-des-Champs*, sous Philippe Auguste ; le second, les *Filles-Dieu*, entre Paris et Saint-Lazare, sous Louis VIII et saint Louis ; le troisième, l'*hôpital d'Imbert-de-Lions*, près la porte de Saint-Denis, donné aux Filles-Dieu sous Charles VIII ; le quatrième, les *Filles-Pénitentes*, appelées tantôt les Filles Rendües, tantôt les Femmes Repenties et établies par Louis XII, duc d'Orléans, depuis roy de France, dans la rue des Deux-Ecus, mais transportées en la rue Saint-Denis, sous Charles IX, par Catherine de Médicis. Le dernier a été fondé de nos jours près le Temple, sous le nom de couvent de *Religieuses de la Madelaine*, ou, si vous voulez, des *Madelonnettes*. D'abord un grand nombre de filles et de femmes débauchées se renfermèrent dans ces couvens ; dans celui des Filles-Dieu surtout, il s'en retira deux cents sous le règne de saint Louis, et elles y voulurent faire une contrition si exemplaire, qu'elles le supplièrent de leur donner seulement de quoy finir leurs jours au pain et à l'eau. Sous Charles VIII, de vieilles impudiques, que l'âge et la nécessité avoient forcées de quitter le monde, subsistèrent du revenu de l'hôpital d'Imbert-des-Lions ; mais avec le temps les évêques de Paris mirent les Bernardines dans Saint-Antoine-des-Champs et des religieuses de Fontevrault dans l'hôpital d'Imbert-des-Lions, qui conservent toujours le nom de Filles-Dieu. Lorsque Simon, évêque de Paris, dressa des statuts aux Filles-Pénitentes, en 1497, il voulut qu'elles reçussent seulement des filles et des femmes de mauvaise vie : qu'avant de les recevoir, elles les fissent jurer sur les saints Evangiles qu'elles ne s'étoient point prostituées pour devenir Filles-Pénitentes, et qu'après, elles les fissent visiter par deux de leurs religieuses pour découvrir si elles n'auroient pas fait un faux serment et si elles n'étoient pas atteintes de quelque secrète et honteuse maladie ; qu'ensuite elles leur déclarassent que si on venoit à reconnoître qu'elles se fussent parjurées, elles les chasseroient même après leur profession. C'est pourquoi, durant près de cent cinquante ans, le Parlement leur a envoyé toutes les femmes publiques qu'il condamnoit à une prison perpétuelle. Aussi les registres royaux sont-ils pleins des comptes qui se rendoient de l'argent que coûtoient ces prisons, et ceux du Parlement rapportent les noms de quantité de femmes de mauvaise vie qui y ont été reléguées. C'étoit pour elles qu'on avoit grillé de barreaux de fer les fenêtres des cellules des Filles-Pénitentes, comme elles le sont encore présentement ; et si maintenant la Cour ne leur en envoye plus, mais seulement aux Filles de la Madelaine, c'est que les Madelonnettes ne veulent pas enfreindre leurs règlemens et que les Filles-Pénitentes pauvres et lassées d'y obéir, font difficulté de recevoir d'autres personnes que des filles sages et les pécheresses fameuses par leurs crimes et par leurs biens, qui leur rapportent le riche salaire de leurs plaisirs. En effet, depuis ce temps-là les filles de la Madelaine recoivent les filles et les femmes dissolües que le Parlement condamne à finir leur vie entre quatre murailles ; et elles les gardent ou dans des prisons, ou dans des chambres grillées; elles reçoivent et instruisent encore des femmes adultères jusqu'à leur réconciliation avec leurs maris. Elles servent et instruisent enfin des filles et des veuves dont la chasteté est, ou suspecte, ou chancelante, ou peut-être corrompüe, et elles les tiennent avec elles jusqu'à ce qu'il se trouve occasion de les marier ; mais elles donnent leur habit à des filles et à des veuves débauchées qui veulent changer de vie, et, après tant de diverses et salutaires occupations, ces religieuses sont pauvres et ne vivent que de charités.

Ce seroit icy le lieu de vous entretenir des ordures qui ont sali les autres couvens d'hommes et de femmes, mais comme je ne le puis faire sans retirer du secret et de l'oubli des vérités trop proches de nous, et cachées dans la poussière des bibliothèques, contentez-vous qu'elles ne peuvent vous réjoüir par leur variété, sans vous ennuïer par leur multitude. Afin néanmoins de vous en dire quelque chose, en 1465, deux cents archers à cheval entrèrent dans Paris ; à la tête marchoit leur capitaine nommé Mignon :

ils alloient en bon ordre, aïant la plupart des cranequins, des couleuvrines, et autres armes du temps ; à la queüe suivoient huit femmes publiques et un moine noir pour leur confesseur. Ce sont les termes de la Chronique scandaleuse de Louis XI.

Dans un monastère d'autres moines noirs d'Auvergne, dépendans du cardinal de Bourbon, il y avoit, en 1478, un religieux hermaphrodite qui, en abusant, recueillit le fruit qu'il n'en attendoit pas. Dès que la chose fut sçeüe, il fut mené en prison et gardé jusqu'à ce qu'il se fût délivré. C'est peut-être ce scandale qui a donné lieu aux Religieux et Religieuses de visiter ceux ou celles qui se présentent pour prendre l'habit.

Mais afin de revenir à Paris, d'où la singularité de cette avanture m'a fait sortir, en 1577, on surprit dans le couvent des Cordeliers une femme mariée fort belle, habillée en homme, et nommée *Antoine*. Comme les moines affirmoient l'avoir prise pour un garçon, elle disoit que par dévotion, et sans flétrir son honneur, elle les avoit servis dix ans, et entr'autres frère Jacques

Breson, appelé *l'Enfant de Paris* et le *Cordelier aux belles mains*. Quoiqu'il s'en rapportât à la conscience des Cordeliers et de cette femme, le Parlement ne laissa pas de condamner la femme à la torture et au fouet.

Bref, pour vous dire en un mot plus de choses des débauches des moines de Paris, que je ne sçaurois faire dans un grand discours, retenez ces quatre vers qu'on a faits sur les quatre Ordres Mendians de cette ville :

> Aux Augustins bien couchées,
> Aux Cordeliers bien houssées,
> Aux Carmes bien remuées,
> Aux Jacobins bien payées.

Ressouvenez-vous aussi du proverbe dont on use pour signifier quelqu'un qui aime les femmes et que voicy : *Il est de l'abbaye de Longchamps : il tient des Dames.*

Quand on fonda Saint-Antoine-des-Champs et les Filles-Dieu, il y avoit à Paris une multitude presque infinie de femmes débauchées. De celles qui s'y retirèrent, les unes se convertirent par les sermons de Foulques, curé de Neuilly ; les autres par les prédications de Jean Tisserant, cordelier, tous deux grands prédicateurs de Philippe-Auguste et de Charles VIII. Sous le règne du dernier, et plusieurs siècles auparavant, les femmes impudiques composoient à Paris un corps de métier, rempli de plus de personnes que les autres Compagnies ou Corps de métiers de la ville. Elles avoient leurs confréries où est l'église de la Madelaine, pécheresse célèbre dans la Sainte Ecriture, où est l'église de Sainte-Marie, fameuse par les mariages forcés et précipités qui s'y font par l'ordre de l'Official, selon Robert Cenalis, évêque d'Avranches. Elles voulurent contribuer, du temps de Maurice, évêque de Paris, à l'embellissement de l'église Notre-Dame. Car ayant sçeü que ce prélat la bâtissoit des aumônes des Parisiens et de ses autres diocésains, et que les Métiers faisoient faire chacun à leurs dépens les vitres de chacune des chapelles, incontinent elles en firent aussy faire à leurs dépens, où elles mirent une inscription qui marquoit leur charité, et leur vocation, et elles l'auroient fait poser, si l'évêque et son chapitre ne se fussent opposés à une aumône si scandaleuse, Dieu ayant défendu dans le Deutéronome « de luy offrir dans son Temple le prix des dissolutions. »

J'ai parlé plus haut du scandale des principaux ordres religieux ; ce scandale devint si commun que Louis le Gros permit aux prêtres, aux diacres et aux sous-diacres de Saint-Corneille de Compiègne, qui fait partie de l'Isle de France, d'avoir des femmes concubines ; et aux autres clercs de se marier à des femmes, « à cause, disoit-il, de l'incontinence »; ou, pour mieux dire, il leur permit d'être concubinaires et de pécher mortellement comme s'il eût le droit d'accorder de semblables permissions.

Sur cela, il faut avouer que l'Église étoit alors assez indulgente pour permettre le mariage aux clercs qui n'avoient que les *Minores* ; mais il faut aussi avouer que c'étoit à condition qu'ils ne tiendroient point en même temps une femme et des bénéfices. C'est ce qu'explique fort nettement le Concile de Sens de l'an 1269, lorsqu'il excommunia les prêtres concubinaires.

Comme vous allez voir maintenant, et surtout du vivant de Jacques de Vitry, cardinal légat en France, on mettoit à Paris la simple fornication au nombre des péchés mortels. En un même logis demeuroient des régens et des femmes débordées; dans les chambres hautes, on enseignoit les belles-lettres, et dans les chambres basses, on tenoit école de débauche : de la vertu au vice, il n'y avoit qu'un pas à faire.

Par toutes les rues, on rencontroit un ou plusieurs lieux infâmes ; on souffroit impunément que les écoliers ravissent et violassent les honnêtes femmes et les honnêtes filles, et qu'elles se prostituassent dans le cimetière St-Innocent pour de l'argent ; les femmes publiques s'abandonnoient à tous venans ; elles tâchoient de débaucher les prêtres qui passoient devant leurs maisons: s'ils ne vouloient pas assouvir leur lubricité, elles les appeloient *sodomistes*. En un mot, les prélats et la plupart des prêtres s'imaginoient qu'il y avoit bien de l'honneur à entretenir des concubines, et sortant d'entre leurs bras, ils ne se faisoient point de scrupule d'aller dire la messe.

Pour abolir une licence si effrénée, l'évêque Maurice usa vainement contre les prêtres des censures de l'Église. Bien loin d'y acquiescer, ils en appeloient à Rome, où on évoquoit alors toutes les affaires ecclésiastiques et où le plus souvent elles s'égaroient. Cependant ils persévéroient dans leurs désordres, de sorte que le pape Luce III, lui permit de suspendre tous les prêtres de son Diocèse qui entretiendroient des concubines, quarante jours après leur avoir enjoint de s'en défaire. Il lui commanda en outre d'interdire les réfractaires. Gilon, légat en France, renouvela la Bulle de Luce III, et excommunia tous les prêtres qui n'abandonneroient point les impudiques, après en avoir été avertis. Enfin le Concile de Sens, en 1269, publia ce mandement, et Pierre, archevêque de Sens, qui y présidoit et qui étoit alors Métropolitain de Paris, commanda à tous les prélats, en vertu d'obédience, de corriger en secret et dans les Synodes, leurs prêtres concubinaires. Il leur ordonna pareillement de les excommunier, et, s'ils continuoient, de se saisir de leurs bénéfices, les menaçant d'être soupçonnés eux-mêmes de semblable crime et de leur faire sentir la vengeance ordonnée par les Canons, s'ils apportoient de la nonchalance à l'exécution de ce règlement. Nonobstant tant de précautions, l'on sçait qu'Abailard corrompit sourdement dans le cloître de Notre-Dame la jeune Héloïse, et fut contraint d'expier cette honte par le mariage et peut-être par quelque chose de plus fâcheux, ainsi qu'il est rapporté dans son histoire. Vous verrez en son lieu, que l'évêque Renoul, en 1286, engagea le chapitre à défendre à Jean de Montmorency, chanoine et sous-diacre de Paris, d'abandonner une concubine qu'il entretenoit tout publiquement. Le père Dubreüil dit avoir vu au parvis de Notre-Dame un prêtre à l'échelle, avec cet écriteau au dos : *Propter fornicationem.*

Il semble qu'un libertin nommé *Amaury*, du pays Chartrain, jeta les semences de ces dérèglemens, sous Philippe Auguste, et les fomenta par ses opinions erronées. Il sçavoit toutes les subtilités de la Philosophie et de la Théologie et en abusoit de telle sorte qu'il amplifioit le pouvoir de la charité jusqu'à lui donner une étendue presque infinie et voluptueuse, si j'ose ainsi parler. A son avis les prostitutions étoient des plaisirs innocens et les adultères des voluptés permises; chacun s'en pouvoit saoüler sans offenser Dieu, pourvu que ce fût par charité; et Dieu n'étoit pas injuste, mais doux, clément et miséricordieux. Avec une doctrine si charnelle, il empoisonna quantité de monde. Quand le Pape et l'Université le contraignirent d'abjurer publiquement son hérésie, il le fit en apparence, mais il la professa en effet dans le cœur, et en secret il l'enseigna jusqu'à la mort à ceux qui le voulurent écouter. Quoi qu'on pût faire, ses opinions lui survécurent; de ses sectaires, les uns furent brûlés, les autres prisonniers; quant à luy, il fut excommunié, déterré, et traîné à la voyerie; on brûla les livres de métaphysique d'Aristote, d'où on prétendoit qu'il avoit tiré les principes de son libertinage; et on n'auroit point pardonné aux femmes et aux autres personnes foibles qui faisoient profession de son hérésie, sans leur imbécillité et leur ignorance. La ruine d'une aussi dangereuse secte n'arrêta pas le cours des dissolutions.

Pierre, chantre de Notre-Dame, Foulques, curé de Neüilly, Pierre de Roissy, chancelier de l'église de Chartres, Guillaume de Seligny, évêque de Paris, saint Louis et Jean Tisserand, tâchèrent vainement de convertir les femmes publiques, tantôt par la sainte vie qu'ils menoient et qu'ils préchoient, tantôt par les menaces et par les rigueurs, tantôt par l'esprit de mansuétude qui est si propre à gagner le cœur du peuple. Foulques montroit au doigt et chargeoit de malédictions, en présence de tout le monde, les prêtres qui ne se rendoient pas à ses remontrances : il appeloit *Jumens du diable*, les femmes qu'ils entretenoient : il les remplit, pour la plupart, d'une si sainte horreur, et leur donna tant de terreur des châtimens de l'autre vie, que de toutes ces femmes, les unes se marièrent, les autres s'arrachèrent les cheveux, quelques-unes expièrent leurs crimes par des pèlerinages et par des austérités, et les autres crucifièrent leur chair et leur passion dans l'abbaye de Saint-Antoine-des-Champs, qu'on fonda tout exprès pour elles.

D'autre part, saint Louis les bannit ; il bailla aux juges des lieux où elles se retiroient tous leurs meubles et tous leurs biens, jusqu'à *la Cotte* et au *Pelisson*, pour me servir des termes du temps ; de plus il confisqua les maisons des propriétaires qui leur loueroient, et punit tant les complices et les ministres de leurs débauches, que les personnes mêmes informées de leurs débauches et de leur mauvaise vie. Par cette rigueur, il envenima le mal, au lieu de le guérir, et il se vit à la fin réduit à le tolérer, comme on fait les stérilités, les orages et les autres désordres de la nature. Car, par une autre Ordonnance, il lui fallut souffrir les impudiques, à condition, qu'ainsy que des personnes contagieuses, *elles ne demeureroient en aucune bonne ville, ou que ce soit dehors des murs, dans les lieux écartés, et loin des cimetières, des églises et des autres maisons d'oraison. Que ceux qui les retireroient en quelques-uns de ces endroits, payeroient une année de loyer aux*

Commissaires députés pour veiller à l'exécution de sa volonté, et que ceux de ces officiers qui les fréquenteroient, seroient flétris d'un éternel opprobre et déclarés incapables de rendre aucun témoignage en justice. Depuis, étant contraint d'acquiescer davantage à la fragilité du sexe et à la corruption du siècle, il les admit dans les villes, à la charge « qu'elles ne demeureroient que
« dans des rues reculées et séparées de
« celles des Gens d'honneur, et qu'on ne
« leur loueroit point de logis en d'autres
« quartiers à peine de perte de loyers et
« d'autres châtimens ». Finalement, il leur établit, ou il fut contraint de leur établir, des asiles, et des lieux de retraite dans Paris même, non seulement dans les rues les plus fréquentées, mais encore près des plus saintes et des plus anciennes Eglises de la cité et de la ville. Il se vit même réduit, aussi bien que Philippe le Hardy son successeur, à tolérer impunément les enlèvemens des honnêtes femmes; si ce n'étoient pas des gens plongés dans toutes sortes de débauches, c'étoient au moins des Croisés qui entreprenoient ces viole-

mens, ou pour mieux dire, c'étoient des martyrs qui portoient la croix de Jérusalem et qui avoient fait vœu de passer en la Terre Sainte pour sacrifier leurs biens et leur vie à la ruine des infidèles. Sous prétexte que le Pape les avoit pris sous sa protection, ils s'imaginoient être à couvert de la rigueur des lois du Royaume et pouvoir, sans crainte, mener une vie débordée à l'abri du Saint-Siège; et cela dura jusques à ce que saint Louis en eût demandé l'éclaircissement au Pape. A sa prière, Innocent IV déclara qu'en pareille occasion il n'entendoit point soustraire les Croisés à sa justice; et parce qu'ils renouvelèrent les mêmes crimes sous Philippe le Hardy, son fils, il fallut que Grégoire X renouvelât la même déclaration.

Depuis, Hugues Aubriot, prévôt de Paris sous Charles V, fit faire durant plusieurs années les murs et les autres ouvrages publics dont il avoit la conduite, par les vagabonds et les personnes qui fréquentoient ces aziles; c'étoit néanmoins un homme plongé dans toutes sortes de débauches et de voluptés; il aimoit secrètement les filles et les femmes des juifs de Paris; elles le rendirent sçavant aux plaisirs les plus effrénés, et ce fut un crime dont l'Université le convainquit lorsqu'elle lui fit faire son procès sous Charles VI.

Quelques années auparavant, en 1372, un homme dont l'histoire a oublié de dire le nom, et une femme nommée *Jeanne d'Abentonne*, voulurent établir l'opinion des *Turlupins;* c'étoit une secte de libertins impudens qui prenoient le nom de la *Compagnie des pauvres;* à l'imitation des Philosophes cyniques, ils découvrirent les parties que couvrent les personnes les plus effrontées, et comme eux, ils faisoient en public des choses qu'on n'ose faire qu'en secret; aussi furent-ils brulés avec leurs livres et leurs habits, en 1386.

La même année, sur la déposition de *Marie Thibouville,* femme d'un chevalier nommé *Quarrouge*, violée par un homme qu'elle croioit connoître, il se fit, par ordre du Roy et du Parlement un combat à outrance, aussi mémorable, et peut-être davantage, que celui de la dame de la cour de Chilpéric, dont j'ai parlé cy-devant; elle en accusoit *Jacques Le Gris*, écuyer et officier du duc d'Alençon, et disoit qu'un nommé *Adam Louvel* l'avait tenue, et que la chose s'étoit passée en Normandie, à neuf lieues d'Argentan, en sa maison de *Caposmenil*. Comme cela s'étoit fait fort secrètement et que d'ailleurs Jacques Le Gris le nioit, luy et Quarrouge demandèrent au Parlement de Paris la permission de se battre en duel : l'un pour venger son honneur et celuy de sa femme, l'autre pour avoir raison de la calomnie dont on le chargeoit. Après toutes les procédures alors usitées en pareilles rencontres, par arrêt du quinzième jour du mois de septembre 1386, la Cour ordonna le duel selon la coutume; elle se rapporta du lieu et du jour qu'il se feroit à la volonté du Roy Charles VI. Il choisit pour cela une grande place située derrière Saint-Martin-des-Champs, et le vingt-neuvième jour du mois de décembre 1386 il s'y rendit en personne suivy des ducs de Berry, de Bourgogne et de Bourbon, du connétable et de quantité de monde de la cour, de Paris et de tout le royaume; la femme de Quarrouge s'y rendit aussi dans un char tout couvert de deüil ; son mary, avant que d'entrer dans le champ de bataille, lui dit : *Dame, par votre information et sur votre querelle, je dois aventurer ma vie et combattre Jacques Le Gris; vous sçavez si ma cause est juste et loyale.* Et elle lui répondit : *Monseigneur, il est ainsi et vous combattrés justement car la cause est bonne.* A ces mots il la baisa, la prit par la main, fit le signe de la croix, entra dans la lice et se battit à cheval. D'abord Le Gris perça la cuisse de son ennemy, mais Quarrouge aïant pris l'autre par le haut du casque le renversa par terre et le tua sans vouloir le croire, lorsqu'il lui jura sur la damnation de son ame qu'il n'avait point violé sa femme. Après, à l'ordinaire, le corps du vaincu fut livré à Quarrouge qui le pendit à Montfaucon. Le vainqueur vint trouver sa femme et l'aïant baisée, la mena à Notre-Dame où ils rendirent grâces à Dieu du succès du combat. Le neuvième jour du mois de février suivant le Parlement lui adjugea six mille livres tournois; mais on apprit depuis, que Le Gris n'avoit point violé cette femme, celui qu'elle avoit pris pour lui, mourut de maladie quelque temps après, ou fut pendu pour d'autres crimes et confessa en mourant qu'il avoit commis l'adultère pour lequel Le Gris avoit été tué. Pour elle, après la mort de son mary, elle se jeta dans un couvent où elle finit ses jours.

En 1343, une femme débauchée accoucha d'une fille qu'elle fit jeter à la voirie hors de la porte Saint-Martin, après luy avoir bouché le gosier avec un morceau de linge. A peine y eût-elle demeuré quelque temps, qu'un chasseur venant à passer par là, un de ses chiens la découvrit, et par ses cris, y attira son maître avec un grand nombre de passans; incontinent on la prend et on la porte à Saint-Martin-des-Champs sur l'autel de Notre-Dame; plus de quatre cents personnes l'y accompagnèrent; tous ensemble, avec les Religieux du couvent, prièrent la Vierge d'en avoir pitié, et la fille qu'ils croyoient morte, se mit à remuer, ouvrit les yeux, jeta le linge qui l'étrangloit et cria. Elle fut baptisée sur-le-champ dans le monastère, d'autant que la foule empêchoit de la porter à la paroisse; on l'appela *Marie*, on lui donna à téter, on sonna en branle les cloches, on chanta le *Te Deum*, et l'enfant étant mort après avoir vécu trois heures, les moines gardèrent son corps ce jour-là avec quantité de peuple, et l'enterrement se fit le lendemain près de l'autel de la Vierge avec beaucoup de pompe et de cérémonie ; de là est venu le nom de Notre-Dame de la Carole que l'on honore à Saint-Martin-des-Champs et dont il y a une confrérie.

En 1427, ces fainéans et ces coupeurs de bourses, qui se font nommer *Egyptiens et Bohémiens*, commencèrent à venir à Paris et à la Chapelle attachée maintenant au faubourg Saint-Denis. Entre quantité de tours de leur métier que firent leurs femmes laides et noires, elles se mêlèrent de regarder aux mains des Parisiens et Parisiennes et des peuples des environs et de dire à tous venans ce qu'ils appeloient *la bonne aventure* : cela faisoit que presque tout le monde les prenoit pour sorciers ; aux hommes elles disoient, *ta femme t'a fait coulp*, et aux femmes, *ton mary t'a fait coulp*, et par leurs discours, excitoient tant de troubles dans plusieurs familles, que l'évêque leur ayant fait faire en sa présence un sermon par un prédicateur nommé *le petit Jacobin*, il les excommunia avec toutes les personnes qui leur avoient montré leurs mains et ajouté foy à leurs paroles, et il commanda à tous ces Bohémiens de sortir de la Chapelle et de son diocèse.

En 1439, il étoit fort dangereux en cette ville d'avoir du bien et une belle femme. Quand les gens de guerre, appelés *les Ecorcheurs*, pouvoient attraper un homme riche, à l'heure même, ils le mettoient à rançon; quand il ne la pouvoit ou ne la vouloit point payer, ils l'enfermoient dans de grands coffres nommés *huches*, forçoient leurs belles femmes sur le couvercle en criant : *Vilain, en dépit de toy, ta femme sera violée cy-endroit*. Ensuite ils le laissoient mourir dans le coffre, s'il ne leur payoit la rançon qu'ils vouloient avoir.

Vingt-six ans après, on pendit à Paris un Normand et on brûla à Maigny près de Pontoise sa fille, parce qu'ils avoient eu ensemble plusieurs enfans et qu'ils les tuoient dès qu'ils étoient nés.

Vous sçavés qu'Edouard V, roy d'Angleterre, aïant pris au mot Louis XI, qui le convia de venir à Paris, ce dernier s'en repentit en disant : *Ah! Casque-Dieu! je ne veux pas qu'il y vienne, il y trouveroit quelque petite affitée à l'affrette de laquelle il s'amouracheroit et lui feroit venir le goût d'y demeurer plus longtemps et d'y venir plus souvent que je ne voudrois.*
Sous le règne de Henry III, la femme d'un procureur au Châtelet nommé *Boulanger*, déclara à *La Voix*, conseiller qui l'entretenoit, qu'elle avoit résolu de ne plus le voir davantage; cela le fit rire, et l'excita à vouloir renouveler sur-le-champ ses anciennes privautés; quoi qu'il pût faire, elle refusa vertueusement de condescendre à ses volontés; elle l'irrita tellement par ses refus, qu'il lui dit mille injures et la menaça même de la maltraiter. Quelque temps après, comme elle alloit avec son mary pour passer les festes de la Pentecôte à la campagne, La Voix, escorté de quelques déterminés, l'attrape, la fait descendre de cheval, et s'étant en vain efforcé de lui couper le nés, lui tailla le visage avec un

jeton qui tranchoit comme un rasoir et dont on se sert d'ordinaire contre les femmes publiques. Sur les plaintes du mary et de la femme, il fut informé contre le conseiller du Parlement et on décerna prise de corps contre lui. Il fallut qu'il s'absentât; toutefois, à force d'argent et d'amis, il fit évoquer la cause à Rouen et y fut pleinement absous en 1582, moiennant quatre mille écus dont il donna partie à la femme et partie à la justice. S'il eût avoué son attentat à l'avocat général de Thou, qui le fut trouver jusque chez lui pour lui en parler, il seroit sorti d'affaire à la moitié meilleur marché. Après cela, sa mère alla remercier le roy et la reine de la justice que le Parlement de Rouen avoit rendu à son fils; mais le roy lui répondit : *Ne me remerciez point, mais la mauvaise justice de mon royaume; si elle eût été bonne, votre fils ne vous auroit jamais fait de peine.*

En ce temps-là, la femme d'un thrésorier de France nommé *de Bray*, accusa son mary d'impuissance et lui intenta un procès pour faire casser son mariage. Parmi quantité de vers qu'on composa pour rire sur ce sujet, voici un sonnet qui vous fera connoître la galanterie de ce siècle-là, car il passoit alors pour excellent.

Entre les medecins renommés à Paris,
En sçavoir, en épreuve, en science, en doctrine,
Pour juger l'imparfait de la coulpe androgyne,
Par de Bray et sa femme ont été sept choisis.

De Bray a eu pour lui les trois de moindre prix,
Le Court, l'Endormy, Pietre : et sa femme plus fine,
Les quatre plus experts en l'art de médecine,
Le Grand, Le Gros, Duret, et Vigoureux a pris.

On peut par là juger qui des deux gagnera :
C'est Le Grand, qui du Court victorieux sera,
Vigoureux, d'Endormy; Le Gros, Duret, de Pietre.

Et De Bray n'ayant pas ces deux de son côté :
Etant tant imparfait que mary ne peut estre,
A faute de bon droit, en sera débouté.

Je passe les débauches de la femme d'un procureur de la cour nommé *Charton*.

De *Jeanne Dubois* mariée à un notaire.

De la fille de *Frenicle*, procureur au Châtelet et fiancée à un certain *Le Chien*.

De la femme de *Bataille* l'un des plus grands jurisconsultes de son temps.

Et d'*Isabelle de Cambray*, femme d'un

homme riche appelé *Colombel*, et fille du bon premier président de Cambray, c'est l'épithète qui est donnée à ce magistrat dans l'épitaphe de cette belle Hélène que j'ay lue dans la nef des Grands-Augustins.

Je passe, dis-je, les débauches de ces femmes; aussi bien, ce sont petites avantures. D'ailleurs elles se lisent dans la chronique scandaleuse de Louis XI, et elles m'engageroient à déterrer une infinité d'autres dissolutions que le temps a ensevelies et qui diffameroient trop d'honnêtes familles. Je prierai seulement le lecteur d'observer par ces exemples, que ce n'est pas d'aujourd'huy que les gens de pratique ont des femmes sujettes à caution. Par ceux que je vais déduire, vous remarquerés que nos magistrats n'ont presque jamais condamné aux mêmes peines les femmes adultères, et que les loix ont si maltraité les honnêtes femmes, qu'autrefois elles ne leur permettoient pas d'accuser leurs maris d'adultère. Papon cite sur cela un arrêt du Parlement de Toulouse de l'an 1548, et renvoie son lecteur à un autre du Parlement de Paris qu'il prétend avoir lu dans *Bene-*

dicti, quoiqu'il ne se trouve, ni au lieu qu'il cite, ni où il devroit être; ces deux arrêts déclarent, à ce qu'il dit, *que le mary seul est recevable à accuser sa femme d'adultère.*

Sous Chilpéric, une femme de qualité qui en fut accusée s'en purgea vainement par le serment de son père sur la châsse de St-Denis. Ce fut aussi vainement que le père et la mère et les parens d'une dame nommée *Advonterie* l'en voulurent purger au même lieu; les parens du mary de la dernière n'y voulurent point ajouter foy. Ceux de la première mirent les armes à la main dans l'église et la remplirent de sang et de carnage, comme je l'ai dit ailleurs. Je ne sçaurois vous dire à quelle peine on a condamné leurs semblables depuis ce temps-là jusqu'en 1415.

Cette année-là on confisqua les biens de *Jeanne de la Martelle* et on l'enferma dans un lieu sûr et honnête dont on a donné la clefs à *Jean du Molins* son mary et à ses parens.

En 1466, *Isabelle de Cambray*, fille du bon premier président *De Cambray* convaincüe d'adultère fut appliquée à la question et privée de son douaire et de la communauté.

En 1487, *Renée de Veu-des-Moix* convaincüe de la même chose et d'avoir fait tuer son mary par son amant fut condamnée à être brulée au marché aux Poirreaux ; mais à la prière du duc d'Orléans, Charles VIII lui donna la vie et commanda au Parlement de lui faire souffrir telle autre peine qu'il jugeroit à propos et telle qu'elle fût recluse du cimetière St-Innocent dans une chambre qu'elle fit bâtir contre l'Eglise.

En 1519, on chassa *Jeanne de Lin* de la maison de *Jean Cause* son mari, et on luy permit d'y retourner dans un an, pourvu que durant ce temps-là elle menât une vie honnête.

En 1522, *Marie Quatrelivre* fut condamnée à avoir le fouet trois vendredis de suite, à être mise après en religion et à y finir ses jours si son mary ne l'en retiroit dans deux ans, et à perdre son douaire et toutes ses conventions matrimoniales.

Il y eut, en 1551, un mary de toute autre nature que ceux-ci ; c'étoit un cabaretier qui avoit une femme d'une vertu assés suspecte; une fois qu'elle but plus qu'à son ordinaire elle fit monter deux fois son valet en sa chambre : la première fois elle se découvrit devant lui jusqu'aux cuisses; la seconde elle se découvrit davantage devant lui et lui fit voir sa gorge nue et le mit à la fin tellement en humeur que dès qu'elle fut au lit il se joua avec elle sans qu'elle le sentît, à ce qu'elle disoit; mais comme il y retournoit une seconde fois, elle se réveilla, ou d'elle-même ou au bruit que fit son mary, qui venoit de jouer en ville. Sur les plaintes qu'elle en fit, il fut pris et emprisonné. Et quoique son maître et sa maîtresse, pour lui sauver la vie, déclarassent ensuite qu'ils ne se plaignoient point de lui, toutefois il fut condamné à être pendu à cause de l'adultère qui avoit été commis par un valet avec sa maîtresse dans le lit nuptial en l'absence du mary.

En 1552, *Verrier* fourrier du Grand Conseil et *Martine* femme du commissaire *Gaillot* furent condamnés, le premier à deux cents livres parisis d'amende envers le Roy, à quatre cents livres envers le mary, à faire amende honorable la corde au col, et à sortir du royaume : l'autre à passer deux années en habit séculier dans un couvent de religieuses réformées et à y terminer le reste de sa vie en habit de religieuse et y être fouettée par la prieure et quelques religieuses, au cas qu'après le terme de deux ans, son mary ne la voulût pas reprendre et à perdre son douaire et toutes ses conventions matrimoniales, ainsi que *Marie Quatrelivre*.

Si nous en voulons croire la médisance, les maris d'à présent ont beaucoup plus d'indulgence : les uns sont si bons, qu'ils retirent leurs femmes adultères des prisons et des monastères; les autres plus avisés, cachent adroitement leur opprobre, les ménagers en profitent sourdement, les avares le vendent le plus chèrement qu'ils peuvent, et on dit que Paris regorge de ces sortes d'avares, de ménagers et d'avisés.

Quant aux femmes qui faisoient profession publique de débauche, et à celles qui les produisoient, elles portoient des noms aussi infâmes que leur vie et elles étoient sujettes à des peines et à des coutumes honteuses. Les registres de Ste-Geneviève donnent aux dernières le nom de *Maquerelles;* c'est le nom qu'on leur donne encore aujourd'huy, et celui que le peuple a imposé il y a longtemps à l'*Isle de Grenelle* située dans la Seine, près du Pré aux Clercs ; cette isle s'appelle encore à présent l'*Isle Maquerelle*, ou l'*Isle des Cignes*. Les ordonnances appellent ces femmes : *Maquerelles, Gens qui se mettent et extremettent de bailler, livrer et administrer femmes pour faire pechié de leurs corps et gens qui sont accoutumés marchander et vendre filles et femmes et icelles prostituer.*

Le lendemain de Pâques de l'année 1301 on exposa à une eschelle dressée alors devant Ste-Geneviève une maquerelle qui avoit juré.

En 1367, on deffendit à ses semblables d'exercer leur commerce ailleurs que dans les lieux affectés aux débauches publiques sur peine de bannissement, d'être tournées au pilory et d'y avoir les cheveux brûlés.

En 1403 et en 1430, le Parlement devenu plus doux se contenta seulement de les exiler.

En 1480 et en 1485, Charles VIII ordonna que lorsqu'on les auroit convaincües d'avoir trois fois produit des femmes, on les brûleroit toutes vives comme les voleurs et les receleurs.

Pour les autres femmes débauchées, tantôt les loix les appeloient, *femmes folieuses, femmes folles, folles de leur corps,* tantôt *folles femmes et ribaudes communes, femmes débauchées et femmes qui font péché de leur corps,* et quelquefois, *femmes de vie dissolue et bordelière, fillettes diffamées, bordelières, fillettes de vie bordelière, femmes amoureuses dissolues et mal renommées, femmes vivant de vie dissolue et deshonnête, filles vivant en vilité et désordonnées en amours,* quelquefois aussi, *femmes dissolues, femmes amoureuses et dissolues, filles de joie et paillardes, fillettes amoureuses qui s'abandonnent de faire péché de leur corps et à ce gagnent leur vie.* Si on ne les nommoit pas *Garces* ou *Putains,* c'est qu'alors ces noms ne passoient point pour honteux et n'étoient pas françois ; je pense même que leurs noms que je viens de rapporter n'étoient point alors si ignominieux, car les registres du Châtelet font mention d'une femme publique qui prenoit le nom de *Jehannette la commune;* les autres c'étoient : *Thomasse la Courtoise, Perrette la Villaine, Jehanne Belle fille, Haneson de Dinan, Isabelle Lamye, Jehannette la Regnaulde, Michalette de Gisors, Thiennette de Troyes, Jacquette de la Marre, Jeannette la Petite, Katherine Lutine ditte aux Lardons;* pareillement : *Gillette Deshayes, Jannequine du Jardin, Pernelle et Gillette du Vivier, Katherine du soleil, Raouline La Chabotte, Catherine la flamminge, Jannequine la Couloigne, Alison l'Anglefesse, Margueritte de l'Estre ditte L'angleschè, Margot la Rivière, Margueritte d'Argusse, Jehanne de Lezenoy, Margot la Bourgeoise, Jeanne Cille, Jehanne Lapelletiere, Jehannette la Cardine.* Voici les noms des plus fameuses débauchées de ces temps-là. Comme ces registres disent que de deux sœurs qui logeoient ensemble près de St-Denis de la Chartre, celle-cy se nommoit *Jehannette Delaviette,* celle-là *Etiennette la Chèvre,* ils me donnent lieu de croire que la plupart de ces femmes changeoient de noms afin de ne pas deshonorer leurs parens.

Si l'on demande quelles injures on disoit à ceux qui les fréquentoient, il faudra dire que c'étoient *Gens de vie dissolue et de malversation et de petit gouvernement; holiers et houliers* qu'on lit souvent dans les registres du Châtelet et de Ste-Geneviève et surtout dans les Cent Nouvelles. Il y avoit tant de ces gens-là à Paris, et le nombre de femmes publiques y étoit si prodigieux, que je ne pense pas y avoir découvert toutes les rues affectées à leur demeure qui portoient des noms plus honteux et plus sales encore que tous ceux que j'ai déduits qui étoient ordinaires en la bouche de tout le monde. Cependant j'en ai découvert une si grande quantité qu'elles se peuvent diviser par colonies, savoir :

Dans la première colonie, les rues *de Glatigny*, en la Cité, *de l'Abbreuvoir, de Mâcon, Brise-Miche, Froimentel, du Renard, du Huleu, Tiron, Chappon, Champfleury;* ce sont là les plus anciennes de toutes celles qui ont subsisté le plus longtemps et la plupart ont été destinées par saint Louis aux débauches publiques.

Dans la seconde colonie, les rues *Transnonain*, *du Pélican, les Deux-Portes, Beaurepaire, Percée, Tireboudin, Clopin, Bourg-l'Abbé* qui se rencontrent dans les quartiers les plus fréquentés de la ville; *le Champ-Gaillard*, les rues *d'Arras, du Paon, du Meurier, Pavée, Traversière*, qui se trouvent dans les lieux les plus habités du quartier de l'Université.

A ces deux colonies il s'en pourroit ajouter une troisième, où seroient les rues *des Hauts-Moulins, Cocatrix, des Canettes, de Perpignan, de la Licorne*, dans la Cité; *Geoffroy-l'Angevin, des Menestriers, Beaubourg, Maubuée*, et la rue *Simon-le-Franc*, dans la ville. Quoique les femmes impudiques qui s'y étoient habituées n'aient pas longtemps demeuré dans cette troisième colonie, peut-être pourroit-on joindre à tant de rues la rue *des Carcuissons* qui aboutit au Marché Neuf, et la rue *du Louvre* où il y avoit plusieurs petits logis attachés à la basse-cour de ce palais affectés aux débauches publiques que quelqu'un a nommé *le Bordel de la Maison du Roy*. Au reste comme si tant de rues n'eussent pas suffi aux femmes dissolues, elles s'abandonnoient encore dans les étuves, et il fallut pour cela défendre aux étuvistes de souffrir qu'elles y exerçassent leurs infamies : et si nous voulons ouïr les médisans et de mauvais proverbes, on ne les sçauroit chasser des rues *Gravilliers, Pastourelle, et des Vertus*, ni des rues *Phelipeaux, Froimenteau*, et de la rue *Quinquempoix* que le peuple appelle la rue des *Cocus*. Enfin je suis las de ne déclarer que des noms, je ne puis néanmoins oublier ceux-cy, ils conviennent trop à notre sujet.

Les rues dont je viens de parler s'appeloient en général, quelquefois *Bordel* ou *Bordeau public et privilégié*, souvent, *rues Foraines, rue Bordelières, Bordeliers Repaires*, rarement *Maquerellages*, et *Clapiers publics*. Par là on les discernoit des rues habitées par gens d'honneur qui se nommoient *rues bonnes et honnêtes*.

Les autres ne prennent pas maintenant les noms qu'elles prenoient autrefois : la rue *Glatigny* s'appeloit la rue *du Val* d'*Amours,* la rue *du Pélican,* la rue *Poil de con,* la rue *Tireboudin,* la rue *Tirevit,* la rue *Grattecon* étoit le nom de la rue des *Deux-Portes,* la rue *Beauvit* porte à présent celui de *Beaurepaire,* la rue *Percée,* où il y avoit *Bordeau,* est aujourd'huy la rue *Percée,* de la rue *Saint-Denis;* le reste comme la rue *Transnonain,* se nommoit la rue *Trousse-Nonain* ou *Trousse-Putain,* la rue *Pavée* s'appeloit la rue *Pavée d'andouilles.* Et ce n'est pas seulement dans les ordonnances, les sentences du Châtelet et les arrêts de la Cour, mais encore dans les papiers terriers du quatorze et quinzième siècles de l'archevêque de Paris et autres ecclésiastiques qui ont justice ou des cens et rentes sur les maisons en différens quartiers de la ville de Paris.

Alors, les *Beaux-Harnois* s'appeloient *Beau-Vit;* les *Falconis* s'appeloient *Salcon;* les *Haute-Clairs, Coüillards;* les *Marcello* de Normandie, *Maqueros.* Les familles n'ont commencé à rougir du nom de leurs ancêtres que vers le règne de François Ier, de Henry II et de ses enfans, où l'on commença à rougir des mots dissolus et néanmoins se plonger effrontément dans toutes sortes de débauches et de prostitutions. Les *Conpeints*, les *Vicourts*, les *Vi-bœufs*, les *Con-tenants*, les *Fau-cons*, les *Fran-cons*, les *Pousse-mottes*, les *Vissecs*, les *Conbaveurs* n'ont pas été si délicats ni touchés d'une si fausse honte. On n'a point changé les noms de *Guine-la-Putain*, de *Long-vi*, de *Fou-ny*, de *Vice-vi*, et de *Vi-vert*, de *Vi-vieux*, de *Vi-neuf*, villages de Bourgogne, de Brie, de Beauce, de Sologne, de Touraine et d'Auvergne, non plus que ceux de *vi*, paroisse du Mirepoix, de *Con*, village à trois lieues d'Alençon; de *Pertuis*, et du *Barlevi*, du *Pertuis* du *Conibarbot* placé sur la Seine, de *Con-sire*, maison de plaisance près Cléry, où demeuroit une maîtresse de Louis XI. Il n'y a pas longtemps qu'on dit *Genitoy* au lieu de *Genitoire*, ancien château d'une maîtresse de quelqu'autre de nos rois, bâti près de Jossigny vers Lagny. Ce n'est que depuis peu qu'on a changé le nom de *Chauconin* près de Meaux en celui du *Martray* : et ce n'est que depuis peu qu'on a ôté de la Chapelle Ste-Marie

Egyptienne de St-Germain-L'Auxerrois la vitre où elle est représentée belle, jeune, troussée jusqu'au-dessus des genoux devant un nautonier sur le bord de la mer, avec ces paroles : « Comment la Sainte offrit son corps au nautonier pour son passage. »

Il y a encore un village en Bourgogne tout près de Dijon qui se nomme *Long vie* et que les peuples de l'un et de l'autre sexe ne se font aucun scrupule de nommer; il n'y a que les jeunes filles à qui l'on demande d'où elles sont et qui connoissent que ce n'est que par curiosité pour leur faire nommer le nom du village d'où elles sont qui sont à présent raffinées là-dessus qui répondent : Nous sommes de St-Pierre sur Ouche, parce que le patron dudit village est St-Pierre et il est situé sur la rivière d'Ouche.

Et quoique ce soit aussi depuis peu qu'on a changé le nom de *Vi-neuf* près Montereau en celui de *Vinneuf*, ce lieu n'a point changé d'armes pour cela, il a toujours pour armes trois *Priapes* entrelacés et on ne les a point encore ôtés des pieds du crucifix de la paroisse, où ils étoient avant ce changement.

Après ces choses, il faut faire remarquer que la plupart des lieux de prostitution et rues que je viens de nommer toutes fois tiennent et ne se trouvent pas seulement dans les quartiers habités par d'honnêtes gens, ou près des plus grandes et principales places de la ville et de l'Université, mais même contre les cimetières et les lieux les plus saints de Paris; car la rue *Champfleury* tient d'un bout à la *St-Honoré*, la rue *du Renard* aboutit à la rue *de la Verrerie*, les rues *Percée* et *du Huleu* à la rue *St-Denis*, les rues *Chapon*, *Geoffroy-l'Angevin* et *Simon-le-Franc* à la rue *du Temple*, les rues *Beaurepaire* et *Tireboudin* à la rue *Montorgueil*, les rues *Maubuée* et *des Menestriers* à la rue *St-Martin*, les rues *Bordelle* et *Champ-Gaillard* à la rue *St-Victor*, les rues *Cappon* et *Transnonain* au *cimetière St-Nicolas-des-Champs*, la rue *Brise-miche* au *Cloître-St-Merry* sanctifié par des reliques et par le sépulcre de St-Merry et tout plein des ossemens merveilleux par les miracles que Dieu y a opérés à la prière de St-Pierre et du Patron titulaire de la paroisse; enfin, ce qui est fort à considérer, la rue de *Glatigny* qui durant plusieurs siècles a été le lieu le plus dissolu de tout Paris, tient à *St-Denis de la Chartre*, où, selon la tradition, saint Denis a été tenu prisonnier et y a été consolé par Jésus-Christ, et où, selon un arrêt du Parlement, les femmes de mauvaise vie furent établies par saint Louis. Cependant lorsque ce prince, devenu pour elles un peu plus indulgent, commença à les tolérer dans les villes, ce fut, comme j'ai dit, à condition de ne les laisser loger que dans les lieux écartés et éloignés des cimetières, des églises et des autres maisons consacrées à Dieu. Sous son autorité, elles occupoient, en quelques endroits, toutes les maisons de ces rues, en d'autres la plupart. Personne ne les y pouvoit plus troubler; quand on entreprenoit de le faire, c'étoit toujours sans effet, à moins qu'auparavant les voisins ne se plaignissent d'elles au Parlement ou au Châtelet. Encore bien souvent, après cela, ou ils n'obtenoient point du Châtelet ni du Parlement la satisfaction qu'ils en espéroient, ou après l'avoir obtenue, ces femmes ne laissoient pas de demeurer malgré eux en leur quartier; tellement que pour les en chasser, il n'y avoit que deux moyens, qui étoient, ou d'acheter ou de ruiner les logis où elles se retiroient.

Quand en 1519, *Villeroy*, secrétaire d'Etat voulut chasser de la rue *du Louvre* celles qui s'y abandonnoient et qui remplissoient le quartier de désordres et de scandales ; tout secrétaire d'Etat qu'il étoit il lui fallut acheter les maisons affectées à leurs débauches.

Quand, en 1518, François Ier et la reine Eléonore voulurent éloigner de la rue de *Glatigny* les femmes publiques qui s'y retiroient depuis plus de deux cens ans, il fallut ruiner leur logis de fond en comble; encore que les bourgeois d'alentour eurent tant peur qu'ils ne s'en repentissent qu'ils les firent démolir entièrement en une journée.

Dans la rue de *Glatigny* et dans les maisons de la rue *du Louvre* ainsy que dans les autres maisons et rues où les loix leur permettoient de se retirer, le long du jour elles tenoient leurs portes ouvertes et boutiques de luxure et y exerçoient en haut et en bas leur honteux commerce. Le soir il falloit qu'elles en sortissent et qu'elles allassent coucher ailleurs : tantôt un peu avant la nuit, tantôt incontinent après six heures du soir, sur peine de païer une livre parisis d'amende ; quelquefois de *haulteur* (ce sont les termes) quelquefois au *couvre-feu* (c'étoit le nom et le bruit d'une cloche que l'on sonnoit vers le soir à une certaine heure que je ne sais point) car du commencement les rues et les maisons affectées à leur volupté n'étoient proprement que des auberges et elles n'osoient y passer la nuit ; elles n'y pouvoient demeurer que le jour ; et il ne falloit pas seulement qu'elles entrassent sans bruit où elles venoient coucher, mais il falloit encore qu'elles n'ouvrissent leurs portes à personne et qu'elles se gardassent bien de se moquer de leurs voisins et de les quereller, autrement on les mettoit en prison et on leur faisoit païer telles amendes que l'on vouloit ; mais cela ne dura guères.

Je ne vous dirai pas, si contre la coutume des artisans elles ouvroient leurs boutiques et exerçoient leur métier les festes et les dimanches, je vous puis assurer que cela leur étoit défendu les fêtes solennelles ; car le jour de l'Assomption de l'année 1417, *Margot la Bourgeoise, Catherine du Soleil, et Marguerite de L'Estre ditte L'anglesche* aiant été surprises les jour et fête de l'Assomption de la Vierge tenant leur huis ouvert et faisant *Bordeau* public contre les ordonnances, le Prévôt de Paris les condamna à païer chacune deux livres parisis d'amende applicable moitié au roy et moitié aux pauvres et leur défendit d'exercer leur métier dans ces rues-là et aux environs.

Quand il leur arrivoit de se produire dans quelques rues honnêtes on se contentoit de les bannir, comme firent en 1288, les religieux de Ste-Geneviève; ou si elles y retournoient après leur bannissement, on les condamnoit à être brûlées ou pis, selon les termes qui veulent peut-être dire avoir les cheveux brûlés, selon la coutume de ce temps-là. Depuis, tantôt on les menoit en prison sur les simples dépositions et plaintes de deux voisins seulement ou des gens d'honneur avec qui elles demeuroient.

Les sergens qui les faisoient prisonnières avoient pour leurs peines huit sols parisis, somme alors considérable. Les propriétaires des maisons qu'elles occupoient perdoient leurs loyers et étoient condamnés à l'amende ; et lorsque pour tromper les loix et les bourgeois de leur voisinage elles achetoient dans les rues honnêtes des logis où elles s'établissoient et que la chose venoit à être découverte, les logis étoient aussitôt confisqués avec l'argent que les propriétaires en avoient reçu et les uns et les autres condamnés à une amende arbitraire. Lorsqu'ainsi que de pauvres artisans, elles tenoient cabaret dans des rues bourgeoises, qu'elles y dressoient même des échoppes pour vendre de petites denrées qu'elles y recevoient sous main des personnes de mauvaise vie, bref lorsqu'elles s'habilloient comme les honnêtes femmes, ou qu'elles se marioient à des artisans pour avoir quelque prétexte d'avoir les mêmes habits et les mêmes ornemens que les femmes vertueuses ; enfin lorsqu'elles portoient ou faisoient porter devant elles de gros livres, bien qu'elles ne sçussent pas lire, et que quelqu'un venoit à découvrir ces entreprises, aussitôt en confisquoit leurs livres, leurs habits, leurs échoppes et leurs cabarets et on les mettoit en prison et on les condamnoit à l'amende.

J'ai appris de plusieurs vieillards que celles qu'on surprenoit dans les rues et dans les maisons habitées par d'honnêtes gens, on les conduisoit dans les rues destinées à leurs débauches avec bien de l'ignominie. On leur mettoit un chaperon de paille sur la tête, ensuite on les faisoit monter sur un âne, jambe de çà, jambe de là, le visage tourné du côté de la queue qu'on leur mettoit entre les mains en guise de bride, puis au son d'une flûte et d'un tambour, ou pour user des termes du temps, *avec la flûte et le bedon*, on les promenoit ainsi par les rues ; le peuple et les petits enfans les suivoient avec de grandes huées et après les avoir bien fatiguées et exposées à la risée de presque tout Paris on les laissoit à la fin gagner le *huleu*.

Ce genre de punition qui ne dure plus à Paris subsiste toujours à Bruxelles : de mon temps on l'y pratiqua ; et je ne sçais si les ducs de Bourgogne de la Maison de France n'y ont point porté cette punition avec quelques-unes de nos autres coutumes.

Au reste pour discerner ces femmes, on leur défendit de s'habiller comme les femmes de bien; mais on s'en avisa un peu tard. Saint Louis fut le premier qui l'entreprit; peut-être même qu'il n'y auroit pas songé, sans l'injure que Marguerite de Provence sa femme reçut à la messe, quand elle baisa l'impudique dont j'ai parlé ailleurs. Depuis, elles ne portèrent plus de manteaux ni de robbes traînantes comme les femmes d'honneur de ce temps-là; de là vient que par un cri public, l'an 1368, les sergens eurent ordre de mener en prison les impudiques qu'ils surprendroient habillées de même que les honnêtes femmes hors des lieux où se célèbrent les Sts Mystères. On confisqua leurs habillemens quand ils ressembloient à ceux des femmes de bien, on promit cinq sols parisis aux sergens qui les pourroient surprendre en cet état.

En 1420 et en 1422, cette ordonnance fut confirmée et on déclara que celles qui viendroient à l'enfreindre seroient condamnées à une amende pécuniaire et arbitraire.

En 1426 et en 1446, les Roys et le Parlement la renouvellerent et enjoignirent au Prévôt de Paris de la faire publier par tous les carrefours et de la faire ponctuellement exécuter.

Pour sçavoir quels étoient les habits que les loix leur défendoient il est à propos de faire la description de ceux des dames de ce temps-là.

En 1368, elles avoient des manteaux fourrés de petit-gris, des chaperons et des robbes chamarrées de perles, brodées et toutes couvertes de getz et de profil d'or et de boutons d'argent.

En 1422, elles portoient un chaperon, une houpelande, des cottes hardies et des habillemens fourrés de panne et de *menuvair*, qui est une espèce de panne blanche et bleue dont nos Roys usoient anciennement au lieu de fourrure et dont les manteaux des Présidents au mortier étoient doublés.

En 1498, au retour du sacre de Louis XII et de ceux des conseillers de la Cour à l'entrée de François Ier, leur chaperon étoit d'écarlate terminé d'une corne, leur ceinture étoit d'argent ou d'or et pendante par derrière, leur houpelande chargée de getz ornée d'un grand collet et des manches renversées fourrées de fin gris et d'autres fourrures délicates et riches et finissoit en queue longue et traînante qu'elles faisoient porter par leurs laquais.

En 1426 et en 1446, elles ne se paroient pas seulement de tous ces enrichissemens, leur chaperon étoit encore étoffé de boutonnière, leur robbe de tissure de soye, leur ceinture de ferrure d'argent et elles portoient des couvre-chefs et des robbes traînantes d'écarlate.

En 1467, elles firent couper les queues de leurs robbes et en la place elles mirent des bordures de petit-gris, de martre, de velours et autres choses qui avoient autant de largeur que le velours. Les unes chargèrent leur tête d'un bourrelet fait comme un bonnet rond qui se terminoit en pointe haute de demi-aune ou de trois quartiers, le bourrelet ou le bonnet rond des autres finissoit en pointe plus petite qu'elles cachoient sous des couvre-chefs fort déliés qui pendoient jusqu'à terre; elles firent faire leurs ceintures beaucoup plus larges que d'ordinaire, elles y mirent des ferrures plus riches que de coutume, elles portèrent des colliers plus beaux et plus propres qu'auparavant.

Pour ajouter ici quelque chose sur les habits des hommes en 1467, ils fendirent les manches de leurs robbes et de leurs pourpoints afin de faire parade de leur chemise large, blanche et déliée; leurs cheveux étoient si longs qu'ils leur embarrassoient le visage, leurs bonnets avoient plus d'un quartier de haut; ils portoient à leurs souliers des poulaines longues d'un quartier et davantage; ils commencèrent à avoir des pourpoints larges à l'endroit de la poitrine et des épaules afin de paroître plus vigoureux, et prirent des habits si dissolus qu'ils exposoient aux yeux d'un chacun la forme et la figure de ce qu'ils devoient cacher. C'est une mode qui a duré fort longtemps et qu'on voit encore dans les tapisseries de ce temps-là; cela servoit de pelotons où l'on mettoit des épingles, témoin cette bonne femme laquelle apercevant un homme qui en fichoit ne se put empêcher d'en soupi-

rer, et ce que dit Montaigne sur ce sujet :
A quoy bon faire la monstre que nous faisons à cette heure de nos pièces en forme sous nos grègues, et souvent, qui pis est, outre leur grandeur naturelle par faulseté et imposture ? Il me prend envie de croire que cette sorte de vêtement fut inventée aux meilleurs et plus consciencieux siècles pour piper le monde, pour que chacun rendît en public compte de son fait; lors on instruisoit la science de l'ouvrier, comme il se fait de la mesure du bras et du pied.

De là est venue sans doute la mode que les dames adoptèrent à l'exemple des hommes. Elles s'avisèrent, en 1502, de montrer leur gorge, sur quoy l'on fit ce plaisant quatrain :

> Engins quarrés, gros et divers,
> Armés-vous d'estoc et de taille ;
> Car les tetins sont découverts,
> Qui vous offriront la bataille.

En ce temps-là les femmes mariées portoient sur leur front un bout de leur couvre-chef la même chose que les hommes avoient devant leurs chausses; les veuves le couchoient derrière et le cachoient sous leur coeffure. Du vivant de Montaigne cette mode avoit déjà passé en Guyenne où elle subsiste encore en plusieurs endroits, surtout parmi les paysannes.

Après tout, de tant de divers ornemens, il n'y en a point eu de plus fameux que les ceintures dorées; toutes les dames en ont porté durant plusieurs siècles : et parce que les ordonnances les défendoient aux femmes publiques avec les autres enrichissemens, et que des femmes mariées avec des hommes d'honneur en portoient et ne laissoient pas de vivre comme celles qui n'en osoient avoir, on fit ce proverbe : *Bonne renommée vault mieux que ceinture dorée.*

Ne me demandez point après cela, quels vêtements se permettoient aux femmes impudiques. Qu'il vous suffise de sçavoir que pour marquer la bassesse de leur métier par leurs habits semblables à ceux du menu peuple, il falloit qu'elles s'habillassent simplement et que si elles ne portoient point à Paris de vêtement et de signes particuliers, elles avoient à Toulouse une esguillette sur l'épaule, car c'est de là qu'est venu le proverbe : *Courir l'esguillette*, auquel l'auteur des Cent Nouvelles nouvelles a fait allusion quand, à la neuvième Nouvelle qu'il fait raconter par Louis XI, il dit : *Le chevalier Etrange demande à Monseigneur s'en son village avoit rien de beau pour aller courir l'esguillette.* C'est aussi ce que veut dire Regnier en sa seizième satire quand il dit :

C'est pourquoy je recherche une jeune fillette
Experte de longtems à courir l'esguillette.

Nonobstant tant d'ordonnances, les femmes publiques ne se purent tenir de contrefaire les honnêtes femmes, au moins par la richesse et par la variété de leurs vêtemens ; pour cela toutefois le Châtelet et le Parlement ne les traitèrent à la rigueur, quelquefois ils déclaroient qu'ils étoient touchés de leur infortune et qu'ils aimoient mieux user envers elles de leur miséricorde que de leur justice. Quand les sergens les retenoient en prison avec leurs habits dissolus (ce sont les termes), et qu'ils les surprenoient avec des ceintures, on décousoit leurs fourrures et l'on coupoit leur collet renversé et la queue de leur houpelande, mais elles ne demeuroient guères en prison et on leur rendoit leur étoffe et leur fourrure.

Après tant de divers règlemens, n'attendez pas que je vous rapporte ce qui pouvoit régler le salaire des femmes débauchées, et contentez-vous que je vous dise que les loix n'ont pas voulu mettre de prix ni toucher à de vilaines choses; car j'alléguerois une conjecture et les conjectures ne doivent point avoir lieu dans une histoire ; mais il faut se ressouvenir de ce que j'ai dit du seigneur *de Souloire*, vous y pourrez découvrir, quoyqu'indirectement, que pour une visite, les femmes prostituées prenoient ordinairement quatre deniers, qui alors valoient beaucoup plus, sans comparaison, qu'à présent. En effet, puisque le juge de *Souloire* pouvoit choisir, ou de jouir des filles dissolues qui passoient sur la chaussée de son étang ou d'exiger d'elles quatre deniers, on en doit peut-être inférer que la coutume qui a voulu s'en rapporter au choix du juge en cette occurrence, a voulu aussi, par cette alternative, marquer la taxe et le prix d'une jouissance, et signifier par là qu'en ce temps-là pour chacune on devoit prendre quatre deniers parisis.

S'il faut ajouter foy à ce qui a été dit de quelques dames de la cour de Henry II et de ses enfans, ce prix augmenta tellement, que sous leur règne il étoit monté jusqu'à cinq sols parisis; car on a voulu faire croire que trois dames des plus qualifiées de la cour, à l'exemple de Messaline, voulurent aller dans un lieu infâme pour sçavoir si elles y trouveront mieux leur compte avec les premiers venus qu'avec leurs maris et leurs galans; afin de n'être pas reconnues elles y furent masquées. Pour cinq sols elles s'y donnèrent à tous venans, il y en eut une, entre autres, qui passa la nuit avec son cordonnier lequel l'a reconnue à ses souliers, et comme elles avoient fait cette partie par débauche et avec peu de secret, ce ne leur fut pas assez de s'en vanter à la cour, elles troüerent encore chacune leurs pièces de cinq sols, puis les passèrent dans un ruban et l'attachèrent à leur manche, où elles le portèrent longtemps. C'est peut-être là un conte fait à plaisir.

Il n'en est pas de même de ce qui s'est passé dans les lieux affectés aux désordres des femmes publiques : ce sont des vérités infaillibles et rapportées dans les ordonnances et dans les registres du Parlement et dans l'histoire du temps. De la façon qu'il y est parlé de celui de la rue *de Glatigny*, il occupoit la rue *de Saint-Landry* jusqu'au pont Notre-Dame, entre la rivière et la rue *des Marmousets*. Un certain *Regnault d'Acy* entreprit, sous Charles V, de vuider ce lieu de franchise ; mais ce fut vainement, car les femmes qui l'occupoient produisirent des lettres de saint Louis, scellées en lacs de soye et de cire verte, qui les maintenoient en ce lieu.

Charles VI, en 1381, commanda aussi vainement au prévôt de Paris de les chasser de ce quartier-là, et quoiqu'il les condamnât et les propriétaires des maisons qu'elles y loüoient aux peines portées par les ordonnances de saint Louis, si l'on n'obéissoit à ses ordres, ce ne fut pas en cet endroit, mais dans des rues de la ville dont je parlerai et d'où le Roy voulut qu'elles sortissent.

En 1402, le Prieur de Saint-Denis de la

Chartre et ses voisins obtinrent sentence contre celles qui s'estoient répandues dans les rues des environs et les firent condamner à en sortir et à se retirer dans la *rue de Glatigny* et dans les autres rues affectées à leurs dissolutions, sur peine d'une amende et d'être constituées prisonnières au pain et à l'eau ; cependant je doute qu'elles acquiesçassent à ce jugement, je ne sçay pas même si elles n'en appelèrent point et si par arrest de la Cour elles ne furent pas rétablies, car en 1413 la plupart des maisons des Hauts-Moulins servoient encore de lieu de débauche, et un nommé *Lucas Dionis*, qui avoit droit de prendre trente sols parisis de rente foncière sur un logis et sur plusieurs lieux infâmes qui en bordoient une partie et qui régnoient le long du prieuré de Saint-Denis de la Chartre, fit condamner un certain *Queste*, auquel ils appartenoient, à les garnir ou à les quitter dans quarante jours. Quoi qu'il en soit, en 1518, à la prière de la reine Claude, François Ier fit ruiner Glatigny de fond en comble. Les voisins qui avoient sollicité cette princesse d'en obtenir la démolition, eurent si grande peur que leurs mauvaises voisines n'eussent assés de crédit pour faire révoquer l'ordre du Roy, qu'en un jour ils en renversèrent toutes les maisons et détruisirent en vingt-quatre heures un azile qui consistoit en quantité de logis et qui étoit fondé sur une longue prescription. Il se trouva dans les caves les ossemens de trois hommes. Le lendemain l'évêque fit faire une procession générale autour de la cité avec les mêmes cérémonies que celles qui se firent pour les besoins de l'État sous le règne de François Ier et sous ceux de son fils et de ses petits-fils.

Bien que ce lieu de franchise occupât un grand espace couvert de maisons, depuis la Seine jusqu'à la rue *des Marmousets*, il ne tint pas néanmoins aux impudiques qu'elles ne s'étendissent encore jusqu'à la rue Neuve Notre-Dame, et qu'ainsi elles ne profanassent un quartier tout plein d'églises et n'infectassent la meilleure partie de la cité : mais après avoir longtemps plaidé, tant au Châtelet qu'au Parlement, en 1366, en 1423 et en 1480, contre leurs voisins, il leur fallut enfin vuider le quartier et ni elles ni leurs semblables n'ont pas osé depuis s'y rétablir.

On eut bien plus de peine à empêcher quelques autres femmes débauchées de passer les nuits avec les écoliers dans les écoles des Quatre-Nations et de la rue *du Fouarre;* car les écoliers y avoient rompu les portes de leurs classes pour y venir à toute heure et avec qui il leur plaisoit. Toutes les nuits, ils remplissoient d'ordures les bancs, les planchers et les chaises mêmes des professeurs. Pour la puanteur les régens n'y pouvaient plus faire de leçons et les écoliers mêmes n'y pouvoient durer non plus, et enfin les maîtres ès arts furent réduits, en 1358, à demander à Charles, régent de France, la permission de faire mettre au bout de la rue *du Fouarre* des portes qui se fermeroient la nuit et ne s'ouvriroient que le jour, ce qui leur fut accordé très facilement.

De ces exemples et autres semblables, vous pouvés juger que ce n'étoit pas sans peine qu'on chassoit les femmes publiques des rues mêmes où les loix ne les souffroient pas; on n'en avoit point du tout à obtenir des lettres du Roy pour les faire sortir des lieux affectés à leurs dissolutions ; mais il étoit presqu'impossible de faire ensuite exécuter ces ordres du Roy.

En 1368, l'évêque de Châlons obtint en vain des lettres de Charles V qui commandoient au prévôt de Paris de faire vuider les femmes débauchées de la rue *Chapon*, où luy et ses devanciers avoient leur hôtel, et où les Roys et les ordonnances toléroient ces femmes impudiques depuis une si longue suite d'années.

Je doute que les lettres que les Marguilliers et les Paroissiens de St-Merry obtinrent en 1424 d'Henry V, roy d'Angleterre et usurpateur de la couronne de France contre les femmes impudiques de la rue *Brise-Miche* qui aboutit au cloître de cette église et où elles exerçoient leur métier dès saint Louis, eurent plus d'effet que celles de Charles V. Car je n'ai point découvert nulle part que ce soit qu'ils les aient fait exécuter.

Nous sçavons bien mieux le succès qu'eurent celles que Louis de France duc d'Anjou, fils du roy Jean et frère de Charles V obtint en 1379, contre les femmes prostituées de la rue *du Renard*. D'un bout cette rue n'étoit séparée que par la rue *de la Verrerie* de l'hôtel d'Anjou où demeuroit ce prince ; de plusieurs endroits de sa maison, se voioient tous les excès et emportemens et toutes les ordures où se plongeoient les impudiques, hommes et femmes de la rue *du Renard;* tellement qu'ayant obtenu en secret des lettres du roy qui lui permettoient d'en faire boucher les portes, il les fit aussitôt exécuter. Néanmoins, tout frère du roy qu'il étoit, il ne sçut empêcher que le propriétaire de ces lieux infâmes nommé *Richard Cochon* n'en obtînt d'autres par lesquelles il fut reçu opposant à l'exécution des siennes. Cela excita un grand procès dont j'ai lu les plaidoyers dans les registres du Conseil et du Parlement qui valent bien la peine de les lire.

Dans les plaidoyers de *Richard Cochon,* son avocat remontre : « Que la rue *du Re-*
« *nard* est bien loin de l'hôtel du duc
« d'Anjou, et proche véritablement de la
« maison d'un secrétaire du roy et du
« prince appelé *Macé de Meun,* lequel sous
« le nom de son maître et pour chasser des
« voisines, a sollicité sous main les lettres

« du roy qui lui ont accordé tout ce qu'il a
« demandé : Qu'en effet elles sont sédi-
« tieuses et obtenues par surprise sans les
« communiquer à sa partie, et après avoir
« fait entendre, contre la vérité, que tout
« nouvellement des femmes publiques s'é-
« toient mises en possession de la rue *du*
« *Renard;* Qu'ainsy dès que *Richard Co-*
« *chon* a fait voir que ce lieu avec ses mai-
« sons étoient affectés *aux voluptés,* ou
« sous le règne de saint Louis, ou au moins
« depuis un si longtemps que la jouissance
« en a vielli dans la mémoire des hommes, il
« n'a pas eu de peine d'obtenir d'autres
« lettres qui le recevoient opposant à l'en-
« treprise du duc d'Anjou. Qu'après tout
« on le trouble injustement, que la Cour
« le doit rétablir par provision, lever
« la nouveauté alléguée par le prince
« et faire déboucher ses portes par autorité
« de justice. » Bref, cet avocat n'oublia rien
de ce qui pouvoit rendre la vacation ou
l'infamie de sa partie spécieuse et néces-
saire.

A cela, celui du duc d'Anjou répondit :
« Que de tout temps les gens de bien et

« d'honneur avoient demeuré en la rue *du*
« *Renard;* que ni la rue, ni les filles, ni le
« lieu, ni le propriétaire, n'en étoient point
« privilégiés, comme *Glatigny* dont il a
« Charte de saint Louis; que les femmes qui
« se prostituoient en ce lieu n'intervenoient
« point en la cause, mais le seul *Richard*
« *Cochon* transporté d'avarice et de con-
« voitise; qu'au reste les maisons dissolues
« dudit *Richard Cochon* tenoient de si près
« à l'hôtel d'Anjou, que de la galerie des
« principaux appartemens et de la chapelle
« même du prince, on en découvroit les
« ordures et les abominations; que vérita-
« blement quelques logis qui aboutissent à
« la rue *du Renard* avoient autrefois servi
« aux débauches publiques, mais que *Ri-*
« *chard Cochon*, de son autorité, y avoit
« joint et avoit rempli de femmes dissolues
« les maisons qui lui appartenoient en ce
« quartier. »

Comme les avocats articuloient de part
et d'autre des faits, et une possession con-
traires, la Cour appointa la cause, et quoy
que je n'en aye sçu trouver l'arrest définitif
dans les registres du Parlement, il ne faut

pas douter que le duc d'Anjou ne perdit son procès; car en 1417, le prévôt de Paris ordonna qu'une maison du coin de cette rue qui consistoit en plusieurs lieux infâmes seroit louée par le premier sergent à verge : de plus la rue *du Renard* fut l'une de celles où par une loy publique de 1420, on renvoia les femmes de mauvaise vie; et Henry d'Angleterre défendit aux femmes impudiques de s'approcher de St-Merry plus près que la rue *du Renard*.

Si on les avoit laissées faire, elles auroient occupé toutes les rues qui sont entre le cimetière St-Nicolas et le Cloître St-Merry: et de vray, elles s'étoient insinuées dans les rues *Beaubourg, Geoffroy-l'Angevin, Simon-le-Franc, des Menestriers* et *Maubuée* et par ce moien elles avoient joint le lieu infâme de la rue *Chapon* à ceux des rues *Brise-Miche* et *du Renard;* mais Charles VI arrêta le cours de leurs entreprises en 1381 en condamnant aux peines portées par les ordonnances les femmes impudiques qui s'y étoient introduites et les bourgeois qui leur loueroient leurs logis également.

De tant de lieux de débauche, il n'y en

a point eu de plus célèbre ni qui ait plus longtemps subsisté que *le Heuleu*; il n'étoit pas moins ancien que *Glatigny*, cependant il a duré près de cinquante ans davantage; aussi étoit-il confiné aux dernières extrémités de Paris dans un quartier sale et habité seulement par des artisans, en une petite rue appelée autrefois la rue *Paulée* et maintenant la rue *du Huleu* qui descend de la rue *Bourg-l'Abbé* en la rue *St-Denis*.

Parmi les maisons de cette rue destinées à la retraite des femmes de mauvaise vie, il y en avoit surtout cinq qui estoient en la censive du couvent de St-Magloire et où *se tenoient de pauvres femmes débauchées, de la fondation et de l'ordonnance de St-Louis*. Ce sont à peu près les mots qui se lisent dans un papier terrier de ce monastère apporté à l'Hôtel de ville en 1552.

On ne sçait si saint Louis établit les femmes impudiques dans le reste des maisons de la rue du *Huleu*; on apprend seulement par une sentence du Châtelet de 1529 que, à la poursuite du prieur et des religieux de St-Magloire, *Jeanne Belle fille, Magdelaine Barthelemy, Lancienne Noblet et sept autres de leurs compagnes,* furent chassées et leurs meubles saisis et portés dans le couvent ; comme je n'ai point vu la sentence prononcée contre elles, ni les pièces de leur procès, je ne puis dire pourquoy le prévôt de Paris s'avisa de les traiter si mal ; il a fallu me contenter de sçavoir que peu de temps après, elles obtinrent des lettres de François Ier par lesquelles il ordonna par provision qu'on les rétabliroit en leurs maisons et qu'on leur rendroit leurs meubles. De ces deux choses néanmoins elles ne purent jouïr que de la première : leurs parties consentirent à leur rétablissement, mais elles ne voulurent pas rendre leurs meubles, quoy qu'on eût promis de le faire quand on en auroit donné déclaration : de plus, celles-là seulement que le Roy avoit nommées dans ses lettres retourneroient en la rue *du Huleu,* les autres qui en avoient été chassées au même temps y aiant voulu revenir, en furent empêchées par les religieux de St-Magloire qui les menacèrent de les faire mener en prison, si elles y osoient revenir. Elles furent contraintes de s'en plaindre au Parlement et de lui remontrer qu'y aiant plus de dix ans qu'elles demeuroient au *Huleu,* elles devoient jouir des mêmes avantages que *Jeanne Belle fille et les autres.*

Si, de ces insultes, on peut croire que toute la rue *du Huleu* n'étoit pas destinée aux débauches publiques, des choses suivantes on jugera le contraire. Je ne sçaurois à la vérité vous citer l'arrêt par lequel *Jeanne Belle fille et ses compagnes* furent rétablies. Cependant on ne doit point révoquer en doute qu'elles ne gagnassent leurs procès ; car, en 1530, cette femme aiant été cause que *Catherine Ursins dite aux Lardons* avoit appelé *grosse maquerelle* la nommée *Magdelaine Barthélemy*, et *Magdelaine Barthélemy* aiant dit à *Catherine aux Lardons,* qu'elle étoit *une poüacresse, ladresse, vérolée, chancreuse et grosse maquerelle;* sur ce *Geoffroy le Maître*, maire de Saint-Magloire, leur commanda de vivre paisiblement et sans s'injurier, et dans le *Huleu,* sur peine de l'amende et de la punition corporelle.

Davantage en 1532. La même femme, *Jeanne Belle fille* avoit représenté à François Ier que ni là, ni ailleurs, elle n'étoit pas en sûreté des insultes des envieux; il la prit sous sa protection et défendit à qui que ce soit d'attenter à sa personne ou à ses biens, sur peine de cent marcs d'argent et de la potence. Elle étoit si riche, qu'elle avoit des maisons, des granges, de prez, des bois, des vignes, des terres avec force domestiques, et qu'elle fit mettre les armes et la sauvegarde du Roy sur tous les lieux que je viens de nommer. Après tant de précautions, en 1534, un artisan nommé *Berruyer,* logé *au Huleu,* la battit et la blessa en plusieurs endroits. Il y eut sur cela un grand procès ; à la fin ils s'accommodèrent ensemble, à la charge que *Berruyer* lui loueroit 26 francs trois chambres de sa maison, et qu'en revanche elle l'acquitteroit des frais qu'elle avoit faits ainsy que de ceux qu'il avoit faits lui-même et qu'il devoit à son procureur et même l'amende, si on l'y avoit condamné.

Ainsi le *Huleu* étoit alors entièrement destiné aux débauches publiques, et néanmoins il ne laissoit pas d'être habité par d'honnêtes gens, et pour vous ôter tout moyen de révoquer la chose en doute : Une femme de bien dont je n'ai pas pu lire le nom et qui y demeuroit en 1535, y aiant été appelée par des femmes de mauvaise vie qui y logeoient avec elle, *luthérienne et sorcière* et aiant été accusée par ces impudiques de nourrir un dragon dans sa chambre et de s'entretenir tous les jours avec le diable, l'Official de Paris excommunia celles qui tenoient de semblables discours.

Avec de tels scandales et d'autres plus insignes, ces femmes dissolues se défirent peu à peu des bourgeois et des bourgeoises de leur rue, qui y vivoient en gens de bien, et avec le temps elles se jetèrent encore dans la plupart des rues voisines, comme la rue *Greneta*, dans une partie de la rue *Bourg-l'Abbé* et jusqu'en la rue *du Grand Huleu;* la première de ces rues aboutit à la rue *Saint-Denis* et à la rue *Saint-Martin;* la seconde à la rue *Greneta* et à la rue *aux Ours*, entre le *Grand* et le *Petit-Huleu;* la dernière à la rue *Saint-Martin* et à la rue *Bourg-l'Abbé*.

De tout cecy on peut inférer que, longtemps auparavant, les femmes dissolues avoient cessé d'avoir des chambres où elles se retiroient la nuit pour coucher, et des maisons où elles se prostituoient le jour, et qu'alors elles demeuroient le jour et la nuit dans les lieux affectés à leur commerce scandaleux où elles recevoient les écoliers débauchés avec les vagabonds et autres gens sans aveu et sans retraite.

Le Parlement l'aiant appris en 1557 et aiant été informé des excès, des violences et des désordres où elles se plongeoient avec emportement, il commanda, non seulement aux femmes débauchées et aux personnes qui les produisoient, de vuider de ces rues et des autres lieux publics et de sortir de la ville et des fauxbourgs de Paris, sur peine de prison et du fouet, mais aussi défendit aux propriétaires des maisons de louer leurs logis à d'autres qu'à d'honnêtes gens, à peine de confiscation et d'amende arbitraire.

Depuis, les États d'Orléans, en 1561, les chassèrent de toute la France; pour cet effet, ils ordonnèrent à tous juges du royaume de punir extraordinairement sans dissimulation ni intelligence et sous peine de privation de leurs charges, toutes les personnes qui tiendroient et qui fréquenteroient des lieux infâmes.

Néanmoins les femmes impudiques ne sortirent point ni du *Huleu* ni du *Champ-Gaillard* ou des rues qui les composoient. Les voisins du *Huleu* eurent beau faire condamner par le prévôt de Paris, les propriétaires des maisons qu'elles y occupoient, à en chasser leurs hôtesses; ils ne purent jamais retirer leurs sentences du greffe du Châtelet. Les greffiers corrompus par les femmes dissolues et par les propriétaires des maisons qu'elles habitoient, ne les voulurent point délivrer; tellement qu'en 1564 il leur fallut avoir recours à Charles IX. Pendant dix mois de suite ils le sollicitèrent vivement de faire accomplir l'ordonnance des États d'Orléans, après quoy ils obtinrent de lui, à la fin, tout ce qu'ils pouvoient désirer; car il commanda au prévôt de Paris de mettre à exécution les sentences, qu'à leurs requêtes, il avoit données contre les femmes débordées du *Huleu* et autres lieux dissolus; il déclara qu'en cas d'appel ou d'opposition, il s'en réservoit connoissance et à son privé conseil. Il enjoignit même à son procureur du Châtelet de l'avertir dans deux mois de la diligence qu'il auroit faite, et le menaça, lui et le prévôt de Paris, de procéder contre eux selon la rigueur des loix, si dans ce temps-là, ils n'avoient accompli ses ordres. Ensuite d'un commandement si précis, les lettres du Roy furent enregistrées au greffe civil du Châtelet; défenses furent faites à tous les bourgeois de Paris de louer des maisons à ces femmes impudiques, à peine de soixante livres parisis d'amende pour la première fois, de cent vingt livres pour la seconde et de confiscation des logis pour la troisième; et les lettres de Charles IX avec la sentence du prévôt de Paris furent publiées par tous les carrefours du *Huleu* et au *Champ-Gaillard* et autres lieux.

On tient qu'après cela, ces misérables femmes prostituées sortirent de toutes les rues et de toutes les maisons destinées à leurs débauches, et que sous main elles se répandirent dans les autres rues et les autres maisons de la ville de Paris, et que les jeunes gens accoutumés à leur compagnie se mirent à corrompre les honnêtes femmes et remplirent alors presque tout Paris de prostitutions.

Quoi qu'il en soit, sous Henry III, une colonie de femmes impudiques demeuroit au bout de *la Vieille rue du Temple,* dans la rue *de la Perle,* qui tenoit alors aux dernières extrémités de la ville de Paris, près d'un crucifix qu'on y avoit dressé et qu'on appeloit auparavant *le Crucifix Marque-Eau,* à cause qu'il marquoit la hauteur d'un débordement de la Seine, mais qu'on nomma *le Crucifix Maquereau,* depuis que ces femmes débordées se furent retirées dans ces environs.

Ne m'obligez pas à continuer l'histoire des prostitutions de la ville de Paris; imaginez-vous qu'il y en est peut-être plus arrivé depuis qu'elles sont défendues, qu'auparavant. Pour faire cette histoire, il me faudroit remuer les ordures de toutes les rues, et fouiller dans toutes les maisons. Et souvenez-vous que les femmes dissolues disent d'ordinaire *que leur métier ne vaut plus rien, depuis que les honnestes femmes s'en meslent,* et que de nos jours, une très belle fille entretenue publiquement par un grand écuyer, par un surintendant des finances et par d'autres gens de cour et de fortune, a été vue, dans la Place Royale, sur un superbe lit de parade, après sa mort, comme si elle avoit fait profession, toute sa vie, d'une grande vertu et qu'elle se fût rendue digne de considération par autre chose que par ses débauches.

FIN

— *Chansons badines de Collé*. In-12, illustré d'un frontispice à l'eau-forte de Fél. R... Tiré à 500 exemplaires, tous numérotés. — Prix : 10 francs.

— *Églai, ou Amour et Plaisir*; par Le Gay, avec notice par Charles Monselet, 4 tomes en 2 volumes in-12, 4 jolis frontispices. — Prix : 10 francs.

Roman très galant, bien écrit et curieux, précédé d'une préface par Charles Monselet.

— *Leçons de la volupté, ou Confession générale du chevalier de Wilfort*. In-12, papier vergé, frontispice gravé à l'eau-forte. — Prix : 10 francs.

— *L'Enfant du trou du Souffleur, ou l'Autre Figaro*; par A. Beaufort (d'Auberval). 2 tomes en un vol. in-12, 2 frontispices gravés. — Prix : 10 francs.

Roman galant, bien écrit.

— *Utilité de la Flagellation dans les plaisirs de l'amour et du mariage*; traduit du latin de J.-H. Meibomius. Nouvelle édition, augmentée de notes historiques, critiques et bibliographiques. Suivi de la *Bastonnade et de la flagellation pénale*; par J.-D. Lanjuinais, et diverses pièces en vers, sur le même sujet. 1879, in-12, frontispice gravé à l'eau-forte, papier vergé. — Prix : 10 francs.

— *Le Putanisme d'Amsterdam*. Livre contenant les tours et les ruses dont se servent les putains et les maquerelles; comme aussi leurs manières de vivre, leurs croyances erronées et, en général, toutes les choses qui sont en pratique parmi ces donzeles. In-12, orné d'un frontispice et 4 planches gravées. — Prix : 10 francs.

Curieux roman de mœurs du XVII° siècle.

— *Jolis Péchés des nymphes du Palais-Royal, rues, boulevards et faubourgs de Paris, ou Confessions curieuses de ces demoiselles*, écrites par elles-mêmes, terminées par leur Pétition aux ministres, revêtue de leurs noms et adresses ; rédigé par Baudoin. In-12, papier vergé. — Prix : 3 francs.

— *Ma Tante Geneviève, ou Je l'ai échappé belle*; par Dorvigny. 4 tomes en 2 volumes in-12, 4 jolis frontispices gravés à l'eau-forte. — Prix : 10 francs.

— *Œuvres badines de Robbé de Beauveset*. In-12, joli frontispice gravé à l'eau-forte, en six épreuves (noire, bleue, verte, violette, carmin et bistre), papier vergé. — Prix : 10 francs.

Contes en vers, très galants et satiriques.

— *Zéphirin, ou l'Enfant du Plaisir*. In-12. — Prix : 5 francs.

— *Chronique scandaleuse de Paris, ou Histoire des mauvais lieux*; par Henri Sauval. In-12, 2 jolies figures gravées d'après Mallet.

Chapitre inédit de l'Histoire de Sauval.

www.ingramcontent.com/pod-product-compliance
Lightning Source LLC
LaVergne TN
LVHW050600090426
835512LV00008B/1266